PERCEPÇÕES
DA VIDA

PERCEPÇÕES DA VIDA

ALDIVAN TORRES

Canary Of Joy

Contents

1. Percepções da Vida   1

I

Percepções da Vida

Percepções da Vida
Aldivan Torres

Autor: Aldivan Torres
©2020- Aldivan Torres
Todos os direitos reservados.
Série: Conselhos Práticos

Este livro, incluindo todas as suas partes, é prote-

gido por Copyright e não pode ser reproduzido sem a permissão do autor, revendido ou transferido.

Aldivan Torres é um escritor consolidado em vários gêneros. Até agora, os títulos foram publicados em dezenas de idiomas. Desde tenra idade, ele sempre foi um amante da arte de escrever, tendo consolidado uma carreira profissional a partir do segundo semestre de 2013. Ele espera, com seus escritos, contribuir para a cultura internacional, despertando o prazer de ler naqueles que não têm o hábito. Sua missão é conquistar o coração de cada um de seus leitores. Além da literatura, suas principais diversões são música, viagens, amigos, família e o prazer da própria vida. "Pela literatura, igualdade, fraternidade, justiça, dignidade e honra do ser humano sempre" é o seu lema.

Percepções da Vida

Introdução

Minha Percepção como Homossexual

Sobre o Perdão

Sobre buscar o amor incondicional

As pessoas vivem de aparências

Minha situação familiar quando minha mãe faleceu

Minha trajetória profissional
Minha percepção sobre relacionamentos
Criamos tantas expectativas nos outros e é isso que nos faz sofrer.
Não existe destino, o que existe é livre-arbítrio
As pessoas estão sozinhas porque escolhem demais
As coisas que realmente importam na vida
Como a vida realmente é
Os valores praticados na vida
Ter uma boa saúde é fundamental
As relações sociais
Morar em casas separadas
A questão do Perdão
Os verdadeiros valores
Saber reconhecer o verdadeiro amor
Pare de se humilhar pelos outros
O feminicídio
O valor dos Estudos
As pessoas não se importam com você
O mundo dá voltas
Não existe dinheiro fácil
Os verdadeiros amigos
Olho por olho e dente por dente.
Precisamos reagir

Amor é um negócio?
Temos que tentar até conseguir
Ser solteiro ou casar?

Introdução

Percepções da Vida vem nos trazer entendimentos reflexivos sobre as mais variadas situações humanas cotidianas. São momentos comuns na vida de todos e que podemos aproveitar para um crescimento conjunto. Precisamos analisar os prós e contras de cada situação. Precisamos sofrer pois quem não aprende no amor, aprende na dor.

Estamos num mundo de expiação e provas, situações que nos conduzem ao reino celestial. Não devemos fugir da batalha. Precisamos enfrentar o nosso destino com cabeça erguida. A experiência nos trará frutos importantes para nossa caminhada. Portanto, viva e seja feliz.

Minha Percepção como Homossexual

Minha identidade sexual sempre fez parte da minha vida. Ao me descobrir homossexual na adolescência, entrei em conflito comigo mesmo. Nasci numa família pobre no interior do Nordeste. Desde cedo, me ensinaram os valores da boa família, inclusive a divisão entre homens e mulheres. Também atuava em mim a questão da religiosidade cristã. Eu me sentia um pecador desejando homens porque a religião condenava. Sempre me vinha um pensamento na minha mente: Se eu quero me salvar e não entrar em conflito com minha família, eu tenho que esquecer a questão da minha orientação sexual e fingir que está tudo bem. Não era nem questão de opção. Era questão de sobrevivência mesmo, pois se meu pai soubesse algo sobre mim, eu estava completamente perdido.

Portanto, meu foco principal dessa primeira fase da minha vida era o profissional. Eu queria completar meus estudos e arranjar um trabalho. Minha situação financeira não era nada boa. A renda total da minha família era um salário mínimo nos padrões brasileiros que hoje equivale a aproximadamente duzentos dólares mensais. O dinheiro dava para comprar os alimentos básicos da cesta básica. Mas não chegava nem perto das nossas necessidades gerais.

Aos quinze anos, eu focava nos estudos e era um ávido leitor. Aprendi com os mestres da literatura brasileira o conceito de livro e de literatura. Enquanto jovens da minha idade namoravam, eu me deliciava nos prazeres da leitura. Era um mundo completamente novo e eu viajava com as histórias. Eu sonhava com mundo mais justo, igualitário e com mais oportunidades para os pobres.

As dificuldades financeiras me impulsionavam a lutar cada vez mais e ser forte. Eu não tinha computador, não tinha livros, não tinha internet ou qualquer tecnologia que me ajudasse. Meu auxílio era uma fundação que disponibilizou uma biblioteca com rico acervo cultural. Eu pegava emprestado os livros e depois devolvia para que os mesmos livros que eu tinha lido ajudassem outros jovens carentes como eu.

Eu ainda conseguia livros usados no lixo. Meus brinquedos eram improvisados. Nunca pude comprar um brinquedo para mim e isso me entristecia. Por isso eu queria terminar os estudos e arranjar um emprego. Eu sabia que os estudos era minha única oportunidade de crescer na vida. Portanto, pais, incentivem seus filhos a estudar. Essa é a verdadeira herança que devemos perpetuar.

A fase dos quinze anos até os vinte e três anos, foi um período de aprendizado e descobrimento. Cada experiência humana que eu adquiria, me fazia refletir. Então reunindo todas estas experiências, percebi que não havia nenhum problema comigo em relação à minha sexualidade. O grande problema estava nos outros. Então foi nessa época que me aceitei verdadeiramente como eu era. Isso representou na minha vida um grande avanço.

A partir daí, começou a busca pelo amor. Foi um período de catorze anos. Essa decisão de me assumir me deu liberdade, mas também gerou muito sofrimento por conta do preconceito dos outros. Em todos os ambientes que eu frequentava e que sabiam da minha orientação sexual, eu era evitado e excluído de qualquer contato. Os homens tinham medo de mim e evitavam como se eu fosse a pior espécie de bandido. Eu não tinha nenhum amigo simplesmente porque me rejeitavam. Esse preconceito às vezes se disfarça, mas existe. Isso provoca dores psicológicas imensas em nosso subconsciente.

O que me fortalecia e que me salvava da depressão, eram meus sonhos. A literatura sempre foi minha atividade que me ajudava a controlar essa tristeza e ansiedade. Por isso eu seguia em frentes mesmo diante de todos os obstáculos. Foram mais de mil rejeições amorosas, milhares de rejeições de editoras e agentes literários, desprezo de colegas de trabalho e escola, descrédito de familiares e abandono das pessoas nos momentos mais difíceis. Mas meu Deus permaneceu me salvando e me apoiando. Eu tinha que resistir e continuar na busca da minha missão maior. Esse dom que o universo me proporcionou desde que nasci.

Sobre o Perdão

Eu tive muitos sofrimentos causados por pessoas próximas nos ambientes que eu frequentava. Foram situações que me prejudicaram bastante meu psicológico. Isso me fez refletir sobre o perdão. Creio que o perdão seja válido para você se sentir melhor e seguir sua vida em frente. Mas não creio que o perdão vai ajudar a pessoa que te maltratou. Eu acho que a vida é sábia e ensina. Com certeza, a lei do retorno vai fazer com que teu adversário sofra e pague todo o sofrimento que você passou. Isso é uma lei universal. O universo nos devolve tudo aquilo que oferecemos. Se plantamos boas sementes, colhemos bons frutos. Mas se plantamos as trevas, vamos colher desgraça. Deus age assim porque ele é também justiça.

Quando alguém nos faz mal, isso nos traz um sentimento de revolta e incompreensão. É uma ferida que não cicatriza nem somos capazes de esquecer. Creio que o melhor seja se afastar para você tentar melhorar seu psicológico. É preciso retomar a vida, acreditar em novas situações que te trarão a felicidade. Porque o nosso destino é exatamente esse: Ser completamente feliz. Meu conselho sobre isso é que nunca tente consertar as situações. Quando a confiança se quebra, não pode ser mais recuperada. As mágoas vão te perseguir e não vão te deixar em paz. Então a melhor alternativa é buscar novos horizontes, longe de quem te fez mal.

Sobre buscar o amor incondicional

Todos nós buscamos o amor. Todos nós somos provenientes do amor de alguém. Então o amor é o centro de nossas vidas. Vamos falar sobre amor incondicional. Amor incondicional é aquele que nos coloca como prioridade, acima dos outros. Será que existe um amor assim? É raro, mas existe. Simplesmente pelo fato de existir bilhões de oportunidade por aí. Só porque você não encontrou o amor, isso não quer dizer que ele não existe. É verdade que temos muitas decepções durante toda nossa vida. Isso faz com que os nossos sentimentos sejam abalados. Muitas vezes paramos de acreditar no amor. Mas não se desespere.

Nosso primeiro amor deve ser nós mesmos. Se você não é capaz de amar a si mesmo, não está preparado para ter um relacionamento. Relacionamento exige troca e doação. Relacionamento exige saber perdoar e compreensão. Sempre haverá problemas em qualquer relação. Não existe o amor como retratado nos livros. Não procure o impossível se não você vai se decepcionar. Somos todos seres imperfeitos em busca do sentido da vida. Então se alguém te amar e aceitar com suas imperfeições, essa é a pessoa certa.

O amor incondicional vai te escolher entre milhões. Então seja racional. Se alguém te trata como segunda opção, fuja disso. Não devemos nos humilhar para ninguém. Mesmo que o amor nunca aconteça em sua vida, você pode sobreviver e ser bastante feliz. Existem muitas formas de ser feliz nesse mundo e ter um relacionamento amoroso não significa nada. Existem pessoas infelizes num casamento e pessoas totalmente felizes sendo solteiras. A felicidade está dentro de você. A felicidade é uma sensação interna. Se você procurar a felicidade em outra pessoa, só vai ter decepção. Por isso, seja feliz agora e sempre.

As pessoas vivem de aparências

Atualmente, o mundo é extremamente materialista e desleal. Vivemos uma cultura globalizada onde ter dinheiro é mais importante do que ter valores morais. Também vivemos um mundo de aparências. Quem não tem boa aparência é simplesmente desprezado onde quer que vá.

Um único atendente está trabalhando numa loja de sapatos. Ao mesmo tempo, entram na loja um mendigo e um executivo. Qual dos dois ele vai atender? Eu respondo: Ele vai atender o executivo e vai desprezar o mendigo porque ele vai pensar na gorjeta que o executivo pode pagar. Mesmo que o mendigo tivesse mais dinheiro que o executivo, ele seria desprezado por causa da aparência. É assim que o mundo funciona.

Em questão de relacionamento amoroso, eu digo que a classe social é um fator preponderante. Vocês já ouviram falar em atriz que casa com pedreiro? Num fazendeiro que casa com uma empregada doméstica? Pode até existirem casos, mas isso é uma situação muito rara. O que a maioria das pessoas querem num relacionamento, é alguém que tenha melhores condições financeiras do que ela. Por isso existem tantos casamentos fracassados hoje em dia. Se as pessoas se guiassem por sentimentos, a situação seria completamente outra.

Já no Grupo Homossexual, quem não tem carro do ano, quem não malha, quem é gordo, quem é afeminado e quem é velho são excluídos de qualquer chance de relacionamento. Falamos tanto em igualdade, mas na verdade que em nosso próprio grupo, a discriminação reina. Por isso há tantas pessoas sozinha por aí. Estão pagando o preço de suas próprias escolhas.

Minha situação familiar quando minha mãe faleceu

Meu pai e minha mãe faleceram. Restaram eu e meus irmãos. Sou o único que tem renda porque eu estudei. Todas as despesas financeiras da casa ficaram comigo. Então vemos o quanto é importante os estudos os profissão. É seu passaporte para ser uma pessoa totalmente independente. Sem sua liberdade, você é um ser humano pela metade. Todo ser humano precisa de dignidade e para isso ele precisa trabalhar. Não existe dinheiro fácil. O que existe é trabalho duro em busca de objetivos. Buscar coisas fáceis vai te trazer muita frustração.

Vou auxiliar meus irmãos em sua caminhada na terra. Minha obrigação não existe, mas vou fazer isso porque eles são a única família que eu tenho. Antigamente, eu tinha sonhos fantasiosos. Eu pensava que poderia ajudar o mundo. Mas, ao longo do tempo, percebi que isso era algo distante de mim. Eu tinha que pensar e ajudar minha família. Nisso mim já estava cumprindo minha missão.

Creio que para ajudar o mundo, eu possa usar a literatura. Nós, escritores, temos uma força muito grande que se chama palavra. Com ela, podemos transformar mundos e situações. Dessa maneira, podemos nos transformar nossas crenças universais.

Minha trajetória profissional

Sou nascido em família de agricultores, uma família bastante humilde que sobrevivia na época com um salário mínimo nos padrões brasileiros (aproximadamente duzentos dólares por mês). Confesso que eu tinha apenas o essencial, mas não passei fome. Nosso café da manhã consistia duma mistura de milho apelidada de "quarenta". No almoço, comíamos arroz com feijão e carne de gado. O que não recomendo atualmente pois carne de gado provoca câncer. No jantar, comíamos cuscuz com leite. Vestuário era composto de poucas peças. Não tínhamos dinheiro para viagens ou qualquer tipo de lazer. Eu estudava e trabalhava na roça até que não pude mais. Eu sofria constantes febres o que me impossibilitava de trabalhar. Graças a Deus, meu pai permitiu que eu continuasse apenas com os estudos. Meus irmãos mais velhos não tiveram a oportunidade de estudar porque tiveram que deixar os estudos para trabalhar em grandes plantios de lavoura no estado da Paraíba. A justificativa era que meu pai não podia pagar empregados. Com o dinheiro da colheita, meu pai comprou o terreno em que vivemos até hoje. Ele deixou uma casa e uma pequena chácara.

Por isso que meu primeiro objetivo foi arrumar um trabalho para poder ajudar minha família. Para isso me dediquei muito aos estudos. Eu deixei todas as diversões de lado para focar no meu futuro profissional. Terminou dando certo. Hoje trabalho num órgão público através dos meus estudos. Não foi uma trajetória nada fácil devido às dificuldades financeiras. Mas aos poucos fui crescendo na trajetória profissional.

Tive problemas de relacionamento em todos meus empregos e principalmente no atual emprego. Encontrei pessoas que não simpatizam comigo e que atormentaram minha vida de diversas formas. Eu tive que suportar todas as provocações para poder me manter no emprego visto que a literatura não representa um valor significativo na minha receita mensal. Sou autor in-

dependente. Geralmente, os autores independentes não conseguem viver só de literatura.

O pior dos inimigos que encontrei na minha trajetória pessoal foram dois mestres em magia negra. Através de magias poderosas, eles tentaram atentar contra minha vida. Graças a Deus, o senhor me protege através do meu anjo. O maior poder do mundo é Deus e confio nele.

Meu lado amoroso é um desastre. Isso também é fruto dum trabalho de magia negra feita por um inimigo. Já são mais de mil rejeições em minhas tentativas amorosas. Resolvi desistir do amor. Eu sempre procurei o amor incondicional, aquela pessoa que te coloca em primeiro lugar. Mas nunca encontrei isso na minha vida. Atualmente, me arrependo de ter tentado encontrar um amor. Foi um tempo precioso desperdiçado e que trouxe muito sofrimento. Eu devia ter aproveitado meu tempo duma forma mais efetiva. Como não posso consertar o passado, vou mudar o presente. Estou no momento cultivando meu amor próprio.

Minha percepção sobre relacionamentos

Se vocês fossem sozinhos e um cara se interessasse

por você por questões financeiras. Vocês aceitaram namorar para não ficar só?

Durante minha trajetória amorosa, recebi diversos convites de homens que queriam ficar comigo por dinheiro. Recusei todos eles por não achar isso certo. Creio que o amor é algo sagrado que deve ser dado á pessoa amada. Preferi ficar sozinho do que mal acompanhado. Porém, conheço várias pessoas que compraram o amor com medo de ficarem sozinhas. Confesso que às vezes tenho esse medo. Mas daí reflito, mesmo que você seja casado ou tenha filhos, você morre verdadeiramente sozinho. Creio que o melhor caminho para mim é me preparar financeiramente para poder pagar pelo menos um empregado.

Criamos tantas expectativas nos outros e é isso que nos faz sofrer.

Na minha adolescência e juventude, eu me mostrei uma pessoa extremamente carente no aspecto afetivo. Eu implorava pelo amor dos outros e era sempre rejeitado. Com a maturidade, aprendi a valorizar meu amor próprio. Eu me sinto melhor agora. Quando criamos grandes expectativas nos outros, nossa tendência é sempre nos decepcionar. Não espere nada de ninguém.

Espere apenas em Deus que é nosso verdadeiro amor. O amor humano é falho e provoca muitos sofrimentos.

Não existe destino, o que existe é livre-arbítrio

Canso de ver pessoas se queixando da vida botando culpa em Deus ou no destino. Mas minha visão é diferente. Não existe destino ou coincidência. O que tiver de acontecer será fruto de suas escolhas. Você é seu mestre e seu guia. Planeje seu objetivo e vá atrás dele. Como diz a bíblia, faça sua parte que te ajudarei. É o melhor ditado que se aplica na vida real.

As pessoas estão sozinhas porque escolhem demais

Vou explicar porque a maioria dos relacionamentos não está dando certo. As pessoas da modernidade são muito exigentes. Querem pessoas brancas, ricas, malhadas, bonitas e magras. Quem não faz parte do padrão aceito pela sociedade, é simplesmente excluído. As pessoas querem amores perfeitos.

As coisas que realmente importam na vida

Deus em primeiro lugar. Saúde e família são essenciais. Dinheiro só pra gastar, mas não para guardar.

Deus sempre fui tudo na minha vida. Em todos meus momentos de aflição, ele nunca me abandonou. Em várias situações, já fui abandonado pelas pessoas. Mas Deus sempre esteve presente e não me deixou sucumbir. Por isso ele é a coisa mais importante. Em segundo lugar, a família. São pessoas que te acompanham na sua caminhada na terra. Neste contexto incluo minha mãe, irmãos, sobrinhos, gatos e cachorros. Com relação ao aspecto financeiro, não busque juntar tesouros na terra onde a traça e a ferrugem corroem. Junte tesouros no céu onde será sua grande recompensa. Faça caridade e contribua para um mundo melhor. Ajude sempre que puder. Se o mundo fosse caridoso, não teríamos fome ou sofrimento. O mundo seria mais feliz para os excluídos.

Como a vida realmente é

Nós não temos nada aqui. Pode ser o maior bilionário, quando morrer leva apenas uma muda de roupa para o caixão.

Chega de idolatrar o dinheiro. Chega de idolatrar político ou poderosos. Temos que idolatrar Deus e a vida. Tudo aqui é passageiro. Nossos verdadeiros bens são nossos valores morais. Deus julga a humanidade pelas suas obras. Se suas obras são boas, sua recompensa será o paraíso. Se sua obra se chama discórdia, você colherá os frutos da escuridão. Você é totalmente livre para fazer suas escolhas e arcar com as consequências.

Os valores praticados na vida

Diz aí pra mim. Porque você não namora um mendigo pobre e fedido?

Vivemos um mundo onde a aparência é muito importante. Vemos os mendigos e os moradores de rua sendo esmagados pela elite preconceituosa. Vemos os homossexuais e transexuais perseguidos pela maioria hétero que acham que sua orientação sexual é superior. Vemos falsos profetas usando passagens da bíblia para perseguir os homossexuais. Mas em verdade eles escondem segredos perversos que são piores do que isso. Para esses eu respondo usando a própria bíblia: Tira a trave de teu olho para poder julgar o próximo. Aquele que não tem pecado que atire a primeira pedra.

Ter uma boa saúde é fundamental

Lição para boa saúde. Não coma carne vermelha, carnes processadas como linguiça ou salsicha, enlatados, frituras, alimentos com conservante, com aditivos ou fermentados.

Minha visão sobre o amor

Eu ainda acredito no amor. Sabe porquê? Por que no mundo existem bilhões de pessoas com pensamentos diferentes. Talvez nem todos encontrem a pessoa certa. Mas isso é questão de oportunidade. Isso não quer dizer que o amor não exista.

As relações sociais

Alguém soube de algum caso de atriz casar com pedreiro? ou empresário casar com diarista? Entre outros exemplos?

Em nossa sociedade, a classe social parece influenciar muito os relacionamentos. Na maioria das vezes, vemos cantores casarem com empresários, fazendeiros com a elite alta e pobres se relacionam com pobres. Parece que existe uma divisão financeira entre as pessoas criando vários mundos separados. O argumento é de que quem é rico não confia em se relacionar com po-

bre. Isso acaba gerando várias relações sem amor provocando solidão e infelicidade na maioria das pessoas.

Morar em casas separadas

Não quero mais sair de casa por ninguém. Se eu arrumar um amor, é cada um na sua casa. Será que dá certo?

Será que é viável num relacionamento morar em casas separadas? A forma tradicional de relacionamento onde o casal mora junto parece cada vez mais fadada ao fracasso. O desgaste natural do relacionamento provoca atritos e até mesmo separação num casal. Por isso, muitos casais estão optando por morar em casas separadas. Os adeptos dessa escolha dizem que o casamento fica melhor saindo da rotina.

A questão do Perdão

Quando você estiver numa unidade de tratamento intensiva, você vai querer perdoar aqueles que lhe fizeram mal. Por isso, perdoe agora e deixe que o criador julga a todos.

Perdoar se faz necessário para que possamos prosseguir na nossa caminhada na terra. É uma questão *de sanidade mental. Isso faz você se sentir melhor. Ainda que você perdoe, você vai lembrar do que aconteceu. Sempre ficará as lembranças. Mas perdoar não é esquecer. Perdoar é encerrar uma situação triste para poder tentar encontrar um caminho de paz e felicidade. Portanto, perdoe, e deixa o criador julgar.*

Os verdadeiros valores

Sabia que é melhor ser pobre do que rico? Sabia que é melhor ser anônimo do que famoso? Felicidade é ter liberdade.

Ter muito dinheiro não é vantagem. Muitas vezes, o dinheiro traz maldição, discórdia e morte. Bilionários e milionário vivem uma vida caótica. Trancados em suas mansões, vivem com medo de serem sequestrados ou mortos. Eles não têm liberdade de sair e ir a uma praia, a uma festa e a um supermercado sozinhos. Portanto, eu mesmo prefiro ter liberdade do que dinheiro. Ser anônimo do que famoso, eu prefiro ser simples.

Saber reconhecer o verdadeiro amor

Só acredito em amor verdadeiro se o companheiro te

colocar em primeiro lugar. Se ele pensa mais nele, não é amor incondicional.

O egoísmo e materialismo se tornaram valores do homem atual. Muitas pessoas só pensam em si mesmas. Então se seu marido não te coloca como prioridade, me perdoe dizer, mas isso não é amor verdadeiro. Muitas pessoas se casam e ficam juntas por terem afinidades e outras por comodidade. Mas se seu marido sempre coloca festas, amigos e bebedeira em primeiro lugar cabe a você repensar essa relação e se perguntar se não está se iludindo. Nós temos que ser o centro de atenções de nossos amores, um amor incondicional. Eu não aceitaria menos do que isso. Por menos do que isso, eu prefiro ficar sozinho e estou muito bem. Eu tenho meu trabalho, tenho meu lado artístico, tenho um Deus que cuida de mim e tenho minha liberdade. Eu tenho absolutamente tudo o que é necessário para ser feliz. O ser humano precisa de muito pouco para se sentir bem.

Pare de se humilhar pelos outros

Pense numa coisa: Quem está com você nos momentos difíceis? Esse alguém é que merece sua credibilidade.

Muitas pessoas por carência emocional ficam mendigando por amor. Elas insistem em ser notadas e se *humilham diversas vezes. Não faça mais isso. Tenha maturidade emocional e se coloque como centro de sua vida. Pare de correr atrás dos outros. Ao invés disso, deixe os outros correrem atrás de você. Quando eu coloco Deus e a mim mesmo como coisas principais na minha vida, todo o resto é supérfluo. Isso se chama amor próprio. Eu posso criar uma forma de viver de modo que eu seja independente. Tenho que criar situações em que eu possa desfrutar da natureza, da comunhão com Deus, meditar sobre a minha vida, ler um livro, ir ao cinema, trabalho e outras coisas que preencham o meu tempo. Quando sua mente está ocupada, suas preocupações vão embora. Você não lembra do boleto vencido, da casa não quitada, da traição do seu marido, enfim, você se torna totalmente autônomo emocionalmente. Dessa forma, você consegue ser feliz por si mesmo. O seu companheiro vai ser um parceiro de momentos em que ambos compartilham coisas boas inclusive o sexo. Mas a felicidade está dentro de você mesmo. Não delegue essa responsabilidade para o outro porque certamente você se frustrará.*

O feminicídio

Amiga mulher, muito cuidado com quem se rela-

ciona. A maioria dos homens não aceita o fim do relacionamento. Melhor solteira do que morta.

Muitas mulheres se entregam a um relacionamento muito rápido sem conhecer verdadeiramente o companheiro. Logo se entregam e quando percebem o companheiro é alcoólatra, grosseiro e violento. O maior problema é quando vai tentar separar. Muitos homens inconformados com o final do relacionamento, preferem a mulher morta do que com outro homem. Isso se chama machismo estrutural. Na nossa sociedade, o homem tem um papel dominante em todos os setores. Aos homens tudo é permitido enquanto as mulheres são criticadas se tomam certas atitudes. Todos somos iguais em direitos e deveres conforme a constituição. Mas na regra geral, o homem é privilegiado. Portanto, meu conselho é que antes de entrar num relacionamento sério, investigue primeiro. Ou então não se relacione.

O valor dos Estudos

Amiga mulher, se valorize. Estude e arrume seu trabalho. Seja independente e não dependa de macho nenhum. Quando ele separar de você, você terá como sobreviver.

Eu acredito que a mulher moderna não deve ser submissa ao homem. Ela deve estudar, saber as tarefas de casa e ser uma mulher com personalidade. Ter um companheiro vai ser apenas um acréscimo em sua vida, alguém que venha para somar. Porque os estudos e seu trabalho é sua segurança. A maioria dos relacionamentos conjugais não dura muito tempo. Então é preciso estar preparada para viver sozinha psicologicamente e financeiramente.

As pessoas não se importam com você

Você manda mensagem e a pessoa não responde. Você telefona e ela não atende. Gente, compreendi que isso é carência. Ignore esse povo e segue em frente. Você não depende deles. Vida que segue. Valoriza quem está com você, quem te liga e se importa com você.

O mundo dá voltas

Nunca humilhe ninguém por ter um cargo superior. O mundo dá muitas voltas, viu?

O mundo dá muitas voltas. Quem está por cima pode cair para baixo na escala social. A mesma coisa acontece ao contrário. Portanto, nunca humilhe ninguém. Pois os humildes serão exaltados e os que se *exultam serão humilhados. Deus é senhor dos humildes e pobres.*

Não existe dinheiro fácil

Quer realizar o sonho? Lute e planeje. Quer mordomia? Trabalhe. Aprenda que não há dinheiro fácil.

Dinheiro não cresce em árvores. Dinheiro se faz trabalhando. Os preguiçosos não querem se esforçar e reclamam que não tem dinheiro.

Todo sonho começa com um bom planejamento. Depois, vem a fase da análise e ação. Para que tudo der certo, tem que ser planejado nos mínimos detalhes. Se fracassar, repense a estratégia. Ou então troque de sonho. Às vezes temos que substituir objetivos impossíveis pelas metas possíveis para poder prosperar.

Os verdadeiros amigos

Amigo é Deus, nosso pai, nossa mãe e alguns irmãos. Fora isso não acredito.

Na minha adolescência e juventude, fui muito bobo. Pensei que algumas pessoas eram minhas amigas. As consequências disso foram várias decepções dolorosas que fizeram rever meus conceitos. Hoje em dia, eu acred-

ito apenas no amor de Deus, da mãe, de alguns irmãos e alguns selecionados sobrinhos. Fora da família, não acredito. Até porque as relações sociais com estranhos são extremamente pautadas no interesse. As pessoas só te procuram quando querem alguma coisa. Mas no contexto geral, você é simplesmente esquecido pelos outros. Ninguém se preocupa como você está se sentindo, ou se está precisando de algo. Na minha longa vida de quarenta anos, eu nunca recebi qualquer ajuda de estranhos o que me leva a crer que o mundo é realmente desumano. No ambiente de trabalho, quem comprava o bolo de aniversário era eu mesmo. Não tinha comemoração se eu não gastasse dinheiro do meu bolso. Isso me leva a crer que eu não era nada para eles. Já eu agia diferente. Quando eu comprava um lanche, eu dividia. Quando eu comprava uma caixa de chocolates, eu distribuía. Eu esperava que fizessem o mesmo comigo. Mas isso nunca aconteceu o que me frustrou ainda mais. Por isso digo: Ajude sem esperar retribuição. Por que se você fizer o bem esperando retribuição, você terá uma grande decepção.

Olho por olho e dente por dente.

Jesus nos mandou perdoar o inimigo e isso é

uma característica dos espíritos elevados. Mas como você agiria se um estuprador fizesse mal a sua filha? Se alguém roubasse seus bens ou se alguém destruísse sua família? Você perdoaria? Creio que isso está longe dos caminhos humanos. O homem não se conforma com a maldade. Exigimos justiça e que o inimigo sofra. Precisamos que a lei do retorno funcione para nos sentirmos em paz. Porque isso também é uma lei divina: Colhemos o que plantamos. Não é justo que o bom pereça. Precisamos castigar os maus e bonificar os bons para construir uma sociedade equilibrada. O perdão não ensina. Precisamos corrigir nossos defeitos para nos sentir melhor.

Precisamos reagir

Se alguém te maltrata, responda no mesmo nível. Não leve desaforo para casa.

Por que alguém se sente no direito de nos magoar? Porque alguém pratica o mal pelo livre-arbítrio e espera que você sofra calado? Eu respondo: Ninguém tem o direito de nos agredir e nos magoar. Se alguém te ofende, responda á altura. Magoe também. Para que essa pessoa não fique acostumada a te fazer sofrer.

Amor é um negócio?

Por que a maioria, homem ou mulher, só quer o nosso dinheiro no relacionamento?

Já tive muitas propostas de relacionamento. Todas elas envolviam questões financeiras. Isso me fez desacreditar do amor completamente. Hoje em dia o materialismo impera no mundo. Pessoas fazem de tudo para conquistar o dinheiro. Para estas pessoas, os fins justificam os meios. Mas já na minha opinião, é o contrário disto. Precisamos valorizar a pessoa pelo seu caráter, suas ações, suas obras. Tudo isso é muito importante porque uma pessoa de bom caráter é algo extremante raro.

Temos que tentar até conseguir

A vida é feita de tentativas. Se não tentar, como você sabe se vai dar certo?

Estou na carreira literária há 15 anos. Em toda esta trajetória eu encontrei grandes dificuldades. No entanto, nenhuma delas me fez desistir. Eu sempre acreditei no meu sonho mesmo desistindo várias vezes. Então eu sempre renascia como fênix e continuava. Hoje, tenho uma carreira estável. Não vivo de literatura pois sou autor independente, mas amo essa arte que me preenche as horas vagas. Meu intuito é evoluir como ser humano e ajudar a humanidade.

Um resumo abaixo da minha trajetória de vida:

Caros colegas escritores e leitores, estou aqui para dar meu depoimento pessoal que pode também servir de incentivo para muitos que estão ainda no começo do caminho literário. Meu sonho na literatura iniciou-se ainda bem jovem, na minha adolescência. A fundação Possidônio Tenório de Brito abriu uma boa biblioteca em minha comunidade e dividindo meu tempo na escola, o trabalho na roça e a leitura passava meus dias. Perdi a conta de quantas coleções de livros eu devorei nesta época. Ser leitor era mesmo um barato, mas eu queria mais. Cresci neste mundo de sonhos com saúde. Já na idade adulta em 2006, quando um problema relativamente grave de saúde debilitou-me a ponto de eu sentir-me incapaz, a literatura foi uma válvula de escape para que eu pudesse aos poucos me libertar dos meus demônios internos.

Nesta época, escrevi um pequeno livro em algumas folhas de rascunho. Nesta época, era impensável para mim ter um computador devido as minhas condições desfavoráveis. Não era aquele o meu momento. Guardei meus rascunhos para uma data posterior. Em 2007, comecei a digitar meu livro nos intervalos do trabalho guardando-o no disquete. Tive tanto mal sorte que o disquete queimou. Iniciei o curso de licenciatura em Matemática e mais uma vez deixei meu sonho de lado. Terminei o ensino superior em 2010 e no ano seguinte comprei meu primeiro notebook. Nesta época, já tinha escrito o meu primeiro romance e priorizei sua digitação. Lancei ele neste mesmo ano. Realizara meu sonho de ser autor publicado muito embora minha situação financeira fosse ainda catastrófica. Parei novamente com meu sonho. No momento que já não esperava mais, passei num concurso público e retomei a literatura no fim de 2013.Escrevi muitos outros livros e lancei outros. Neste ano de 2016 assim que puder pretendo conseguir mais traduções e ampliar os horizontes do meu trabalho profissional. Escrevo quase sobre tudo: Romances, poesia, religioso, auto ajuda, sabedoria, entre outros. Só de sentir o prazer de que leitores do meu país e de outros países leiam meus escritos já valeu a pena todo o meu esforço. O meu objetivo na literatura vai além do dinheiro, como renda tenho meu emprego. É partilhar conceitos, transformar e criar novos mundos, é tocar pessoas e fazê-las mais humanas numa cultura de paz. É acreditar que mesmo enfrentando a labuta normal, problemas que todo mundo tem eu posso sonhar com dias melhores. A literatura me transformou por completo e todos ao meu redor. Devo tudo a meu Deus grandioso que sempre me apoia. Eu continuarei meu caminho com fé no coração e imortalizando este dom de Deus para sempre. Por isto meus caros colegas, nunca desistam de seus sonhos. Você é capaz!

Ser solteiro ou casar?

É muito melhor ser solteiro. Você não tem que dar satisfação de sua vida para ninguém.

Existem prós e contras nessas duas opções. Ser casado é bom porque você pode constituir família, ter uma companhia e ter momentos de lazer juntos. Ser solteiro te dá mais liberdade. Você não precisa dar satisfações de sua vida para ninguém.

Entretanto, tem que enfrentar a solidão diária o que pode gerar uma grave crise depressiva.
Fim

www.ingramcontent.com/pod-product-compliance
Lightning Source LLC
LaVergne TN
LVHW021049100526
838202LV00079B/5376